AF319192

TRIBUNAL CORRECTIONNEL DE LYON

PRÉSIDENCE DE M. JACOMET

Juges assesseurs : MM. DIEU-LABRASSERIE, GROZ, juges,
et VALLET, juge suppléant.

Ministère public :
M. G. REGNAULT, Procureur de la République.

Audience du 19 janvier 1883.

AFFAIRE DES ANARCHISTES AFFILIÉS A UNE ASSOCIATION RÉVOLUTIONNAIRE INTERNATIONALE. (LOI DU 14 MARS 1872.) — SOIXANTE-SIX PRÉVENUS. — JUGEMENT.

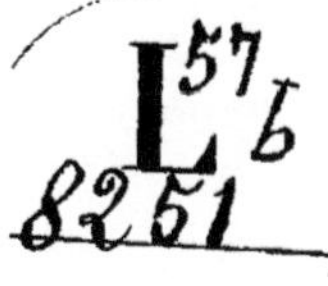

TRIBUNAL CORRECTIONNEL DE LYON

PRÉSIDENCE DE M. JACOMET

Juges assesseurs : MM. DIEU-LABRASSERIE, GROZ, juges,
et VALLET, juge suppléant.

Ministère public :
M. G. REGNAULT, Procureur de la République.

Audience du 19 janvier 1883.

AFFAIRE DES ANARCHISTES AFFILIÉS A UNE ASSOCIATION RÉVOLUTIONNAIRE INTERNATIONALE. (LOI DU 14 MARS 1872.) — SOIXANTE-SIX PRÉVENUS. — JUGEMENT.

Le Tribunal a rendu le jugement suivant :

Attendu que Cyvoct, Borréas, Louis Dejoux, Ebersoldt, Fabre, Georges Garraud dit Valadier, Jean Baguet dit Bayet, Joseph Bontoux, Bourdon, Chazy, Dard, Jolly, Renaud, Maurin, quoique régulièrement assignés, ne se présentent pas, qu'il y a donc lieu de statuer par défaut sur la prévention dont ils sont l'objet ;

En ce qui concerne de Gaudenzi, Girodon, Mathon, Ribeyre et Thomas,

Attendu qu'il n'est pas suffisamment établi qu'ils se soient rendus coupables du délit à raison duquel ils sont poursuivis; qu'ils sont, par suite, en voie de relaxe;

Attendu que le Ministère public s'appuie, pour justifier sa prévention, sur divers ordres de preuves qui peuvent être distribuées dans les catégories suivantes :

1° La collection des journaux *le Révolté*, de Genève, *le Droit social* et *l'Étendard révolutionnaire* (qui lui a succédé) publiés à Lyon;

2° Les lettres saisies, soit au bureau de *l'Étendard*, soit au domicile des prévenus, soit sur leurs personnes mêmes;

3° Les interrogatoires et déclarations des prévenus;

4° Les procès-verbaux des réunions publiques organisées à Lyon ou ailleurs, dressés par les commissaires de police;

5° Les manifestes, circulaires, placards, affiches, carnets, brochures, listes de souscription, registres, lettres de convocation à des réunions privées, timbres particuliers de la Fédération anarchiste lyonnaise;

Attendu que les prévenus n'ont pas contesté, qu'ils ont même formellement reconnu que *le Révolté*, *le Droit social* et *l'Étendard révolutionnaire* étaient inspirés ou rédigés par la plupart d'entre eux; que

Kropotkine, Gauthier, Bernard, Bordat, Peillon et autres, ont même, au soutien de leur défense, invoqué les articles de ces feuilles anarchistes; qu'il a été, de plus, avoué par Bordat que, à partir du 31 juillet 1882, la rédaction de *l'Étendard révolutionnaire* se confondait avec l'administration de la fédération à laquelle il servait d'organe et d'instrument de propagande; que ces explications et aveux étant établis, il est facile d'en démontrer la conséquence en constatant simplement que *le Révolté*, considéré et accepté par tous comme le moniteur officiel de l'association anarchiste, renferme, sur la doctrine, le programme, la tactique et les agissements de ses membres, les données les plus authentiques, les plus précises et les plus complètes; qu'il en est de même du *Droit social* et de *l'Étendard révolutionnaire*, où il est aisé aussi de trouver des documents de la plus grande importance;

Attendu, quant aux lettres des prévenus, que tous, sauf Damians, Voisin et Michaud, ont expressément reconnu : ou qu'elles émanaient d'eux, ou qu'ils en étaient les destinataires; qu'au reste, celles déniées par ces trois inculpés n'ont qu'une importance relative, mais que le Tribunal a la conviction que ces dénégations sont sans fondement;

Attendu que les prévenus ont, d'autre part, persisté dans leurs premières réponses et fourni, dans l'exposé de leur défense, de nouvelles constatations;

Attendu que les propos tenus par eux dans les réunions publiques et relevés à leur charge par le Ministère public, sont, ou avoués, pour le plus grand nombre, ou contestés sans que la preuve contraire ait été administrée ;

Attendu, enfin, que les pièces ou documents de toute nature énumérés au paragraphe cinq ci-dessus, n'ont donné ouverture à aucune protestation et que les procès-verbaux de perquisition conservent leur valeur légale ;

Attendu que de cet ensemble de preuves, il résulte qu'il existe à Lyon une fédération de groupes anarchistes, dite : la Fédération anarchiste révolutionnaire lyonnaise ; que sa fondation paraît remonter au commencement de l'année 1881, durant laquelle elle a manifesté son existence et son fonctionncment : 1º en envoyant au Congrès socialiste de Saint-Etiénne deux délégués, avec mission d'y poser le principe d'abstention en matière politique ; 2º en se faisant représenter au Congrès international, ouvert à Londres, le 14 juillet 1881, par Pierre Kropotkine, qui a lu, dans la première séance, un rapport sur sa situation locale, et a plusieurs fois parlé en son nom ; 3º en publiant, pendant la période électorale de 1881, plusieurs manifestes recommandant l'abstention et la propagande par le fait ; 4º en envoyant aux différents congrès régionaux révolutionnaires de cette même année des manifestes signés de son secrétaire ;

Attendu que, dès l'apparition du journal *le Droit social* (que Bernard reconnaît avoir fondé dans un but anarchiste), cette feuille publiait, dans son numéro du 5 mars 1882, la nomenclature des différentes sections composant la fédération avec les noms de leurs secrétaires respectifs ;

'Attendu que les correspondances saisies, comme aussi les renseignements publiés sous la rubrique : « Mouvement social », dans les journaux anarchistes ci-dessus désignés, attestent d'une façon évidente l'échange suivi de relations existant de groupe à groupe ; que des séances plénières de la fédération ont été tenues en réunion privée, sur lettres personnelles de convocation, adressées aux adhérents, dans lesquelles ont été organisées différentes réunions publiques ; que les membres de la fédération, dans des réunions publiques ou privées ou dans leurs journaux se sont arrêtés aux décisions les plus révolutionnaires, telles que : souscription à un revolver d'honneur offert à l'assassin Fournier ; annulation du verdict du jury dans une poursuite concernant *le Droit social;* condamnation à mort des jurés et magistrats ayant participé au jugement du journal *l'Etendard;* qu'ils se sont déclarés solidaires des attentats commis à Montceau, et de tous ceux à commettre ; qu'ils ont encouragé l'inculpé Jolly, le jour où il s'est offert pour tuer le Président de la République, le commissaire de police ou le premier venu ; qu'ils ont désigné les monuments à faire sauter les premiers et les catégories de personnes à supprimer; enfin, qu'ils ont glorifié tous les moyens odieux ou violents, notamment l'emploi du poignard, du poison et de la dynamite ;

Attendu que la fédération ne s'est pas localisée, qu'elle avait des ramifications avec les principales villes de la région, savoir : Saint-Etienne, Villefranche, Vienne et même avec d'autres centres plus éloignés, tels que Paris, Marseille, Bordeaux, Cette, Le Creusot, Montceau-les-Mines, etc.;

Attendu qu'à St-Etienne, divers groupes et notamment ceux de la Jeunesse anarchiste et des Outlaws (ni foi ni loi), se sont constitués au début de l'année 1881; que plus tard, ces divers groupes fédérés ont formé l'Alliance stéphanoise;

Attendu qu'à Villefranche (voir le n° de la *Révolution sociale* du 18 septembre 1881), et Vienne, se formaient, à une époque à peu près concomitante, d'autres sections anarchistes sous les dénominations de groupes du Glaive et des Indignés;

Attendu qu'une correspondance et des rapports suivis démontrent, de la manière la plus claire, les relations entretenues par tous ces groupes entre eux; qu'ainsi, parmi les pièces saisies, on trouve : une circulaire envoyée par le groupe de Vienne aux groupes lyonnais et donnant l'adresse du secrétaire Martin; une statistique comprenant la liste des adresses des groupes, envoyée de Villefranche par le groupe du Glaive (signée : Desgranges), le 25 mars 1882, à Bernard, un des principaux membres de la Fédération lyonnaise; une lettre de St-Etienne, du 12 août 1882, adressée à Bordat et autres membres de la Fédération révolutionnaire lyonnaise, par les secrétaires des groupes des Outlaws et de la Jeunesse anarchiste; une autre lettre adressée à la Fédération lyonnaise, le 30 août 1882, signée : Ebersoldt, secrétaire du groupe des Indignés; une lettre datée de Vienne, le 21 août 1882 (signée : Fages), adressée, au nom du groupe des Indignés, au secrétaire du groupe du Glaive à Villefranche;

Attendu que deux lettres (signées : Grave), datées de Paris, le 15 octobre 1882, adressées à la Fédération lyonnaise au nom des groupes anarchistes des 5ᵉ et 12ᵉ arrondissements (que Gauthier, dans son interrogatoire à l'audience, reconnaît avoir fondés), présentent le même caractère; qu'il en est de même d'une lettre du 27 juin 1882 (signée : Liégeon), adressée au groupe des Criminels du Creusot, par le groupe du Glaive de Villefranche, avec l'en-tête « *Fédération révolutionnaire, section de Villefranche* »; d'une autre sans signature, datée de Lyon, le 18 août 1882, et adressée à Voisin, secrétaire du groupe de Montceau-les-Mines, au nom de la Fédération lyonnaise; et aussi de deux dernières datées des 17 et 23 octobre 1882, adressées de Marseille par Tressaud, à la Fédération lyonnaise, au nom des secrétaires des groupes anarchistes de Marseille;

Attendu que le *Droit social, l'Etendard révolutionnaire, ou Bordat,* ont reçu pour le compte de la Fédération, d'autres correspondances ou adresses émanées des groupes anarchistes de Bordeaux (signées : Guérin), de Ganges (Hérault), 2 novembre 1882, signées : Verdier, de Névian (Hérault), etc., etc.;

Attendu que les relations des groupes résultent encore d'une décision prise par la Fédération révolutionnaire lyonnaise dans le cours du mois de juillet 1881, signée : Bernard, en sa qualité de secrétaire, insérée dans la *Révolution sociale* (n° du 24 juillet 1881), et destinée à être portée à la connaissance de tous les groupes anarchistes français;

Attendu, au surplus qu'une correspondance envoyée les 3 et 17 septembre 1882 à Bordat par Régis Faure, achève d'établir l'entente régnant entre les divers groupes ; qu'au reste, il est indéniable que les groupes régionaux se transmettaient réciproquement des brochures et des placards anarchistes ; que des articles étaient envoyés et insérés, au nom de ces groupes, dans les journaux de la fédération et même dans le *Révolté* ; que des délégués étaient envoyés pour les représenter aux principales réunions ou conférences publiques organisées par la fédération lyonnaise ; qu'ainsi, Desgranges, représentant du groupe le Glaive, de Villefranche, a assisté à des réunions privées de la fédération lyonnaise chez Bordat ; que Hugonnard a déclaré avoir représenté, avec Bayet, la fédération lyonnaise à une réunion du groupe anarchiste de Villefranche ; que Ricard, membre influent de l'Alliance des groupes anarchistes de Saint-Etienne, a déclaré avec Genet et Pautet qu'il avait assisté à une réunion privée de la fédération lyonnaise, tenue le 12 novembre 1882, dans l'établissement de Bordat ; que la fédération lyonnaise adressait à Genet, qui l'a reconnu, une lettre lui annonçant et le priant d'annoncer au groupe de Vienne une réunion à Lyon, dans laquelle Gauthier devait prendre la parole ;

Qu'il résulte de la procédure que le groupe des Indignés, de Vienne, souhaitait la bienvenue au *Droit social de Lyon*, dans une adresse publiée par cette feuille (Voir aussi *Droit social* du 24 juillet 1882) ; qu'il est certain pour le Tribunal, d'après les explications de Genet, membre du groupe des Indignés, de Vienne, que cet anarchiste, en juillet 1882, a discuté chez Bordat la question de création de *l'Etendard révolutionnaire* ; que Sanlaville, membre du groupe le Glaive, de Villefranche, a reconnu à l'audience avoir assisté, à Lyon, à une réunion privée de la fédération, où on s'est occupé de la reconstitution du *Droit social* ; que, de même, il s'est rendu à Vienne pour y prêter son concours dans une réunion anarchiste tenue à la suite de l'arrestation de Gauthier ;

Attendu que les lettres des 8 et 9 novembre 1881, adressées par Pierre Kropotkine à Péjot, du 28 novembre de la même année à Ricard, du 27 février 1882 à Bernard, constatent aussi les rapports des groupes régionaux et de la fédération ;

Attendu que Michaud, correspondant et membre du groupe des Criminels, du Creusot, a reconnu, devant le juge d'instruction, qu'il était en relations suivies avec Bordat au sujet de la Fédération anarchiste lyonnaise ; qu'il avait adressé une lettre au nom du groupe aux sections anarchistes de Paris ; que Zuida, membre du groupe des Indignés de Vienne, a reconnu avoir signé diverses notes adressées au nom de ce groupe au *Droit social* et à l'*Etendard révolutionnaire* (voir *Droit social* du 26 mars 1882) ; que Voisin, membre du groupe de Montceau-les-Mines, a été, d'après ses aveux dans l'instruction, le correspondant du *Droit social* et de la fédération lyonnaise, pour l'arrondissement de Charolles ; qu'il a reçu Bordat chez lui, lors des événements de Montceau-les-Mines ; qu'une lettre de la fédération saisie chez lui, en même temps que d'autres pièces, établissent l'assiduité des relations ;

Attendu que Régis Faure, membre de l'Alliance anarchiste stéphanoise, reconnaît avoir été délégué par elle à la réunion tenue le 19 mars, à Lyon, par la fédération (voir *Droit social* des 19 et 26 mars 1882) ; qu'il s'est rendu dans cette ville, ce que Bordat confirme, pour s'entendre avec lui au sujet de la manifestation de la Ricamarie ; qu'il a envoyé et fait insérer, par *l'Etendard révolutionnaire*, la déclaration de l'Alliance stéphanoise ; que Liégeon, membre du groupe le Glaive, de Villefranche, a avoué avoir adressé au journal de la fédération, *l'Etendard*, un article, qui a été publié, sur la justice bourgeoise ; que Martin Pierre, membre du groupe des Indignés de Vienne, a reconnu qu'il était en relations avec les groupes anarchistes de Paris et de la région du Rhône ; qu'il a dû reconnaître qu'il correspondait, au nom de son groupe, avec Bernard et Bordat, au sujet de la fédération ; qu'il a enfin avoué avoir organisé, de concert avec Ebersoldt, la réunion tenue le 2 octobre 1882, à Vienne, par Bordat ; que Tressaud, en sa qualité de membre des groupes de Marseille, en leur nom, a dû convenir qu'il avait été échangé de nombreuses lettres entre les sections de Marseille, celles de Vienne et de Lyon (voir notamment deux lettres signées de lui et adressées à *l'Etendard*, les 17 et 23 octobre 1882 ; que, de même, Peillon, membre de la fédération lyonnaise, a reçu et exécuté la mission de transmettre à Grave, secrétaire de la section anarchique du 5e arrondissement de Paris, la somme de 10 francs, produit d'une quête faite dans la fédération ; que Sala, membre du groupe de Vienne, a reconnu avoir assisté, à partir du 18 novembre, aux réunions privées tenues chez Bordat (voir aussi n° de *la Révolution sociale* du 19 juin 1881) ; que l'association des groupes résulte du rapport présenté au congrès de Londres (n° du *Révolté* du 23 juillet 1881) au nom de la fédération lyonnaise ; —

Voir aussi une adresse du groupe les Criminels, dans le n° de *l'Etendard* du 27 août 1882 ; idem une lettre saisie chez Martin, de Vienne, adressée le 12 décembre 1881, de Saint-Etienne, par Petit, au nom du groupe, aux groupes de Vienne ; idem conférence de Bordat à Villefranche (*Droit social* du 25 juin 1882) ; idem une lettre de Maurin, de Marseille, à *l'Etendard révolutionnaire*, le 17 octobre 1882 ; idem une lettre d'Ebersoldt, du groupe des Indignés de Vienne, à la fédération de Lyon ; idem lettre de Piette, membre du groupe l'Etincelle, de Verviers, à *l'Etendard*, le 9 octobre 1882 ; idem notes et renseignements dans *l'Etendard révolutionnaire* du 13 août 1882 ; idem procès-verbal de la réunion de Genève, dans le *Révolté* du 19 août 1882 ; idem lettre de Bordeaux à Bordat, signée : Léglise, septembre 1882 ;

Attendu qu'il est constant que les prévenus dont les noms suivent ont, soit devant le magistrat instructeur, soit à l'audience, par leurs explications, reconnu appartenir : ou à la fédération anarchique révolutionnaire lyonnaise, ou aux différents groupes régionaux constituant, par leur ensemble, la fédération de l'Est.

Savoir, pour la fédération lyonnaise : Bordat, Bernard, Champalle, Peillon, Coindre, H. Trenta, J. Trenta, Gleizal dit Garnier, Bonnet, Dupoizat, Dejoux, Pautet, Péjot, Crestin, Pinoy, Bruyère, Cottaz, Landeau, Genoud, Berlioz-Arthaud, Chavrier, Viallet, Bardoux ;

Attendu que Hüser, Blonde, Damians, Morel, Courtois, Didelin, Hugonnard, Sourisseau, de Gaudenzi dit David, Giraudon, Thomas, Mathon, Ribeyre contestent avoir fait partie de cette même fédération;

Attendu, en ce qui concerne Hüser, que dans son interrogatoire à l'audience, il est convenu avoir assisté à diverses réunions privées de la fédération, qu'il déclare, en outre, avoir été dépêché à Vienne par des membres de la fédération pour y chercher de la dynamite ; qu'il a fait ce voyage, et que le placard saisi sur lui, comme les inscriptions de son calepin, ne peuvent laisser aucune incertitude sur son affiliation à la fédération, dont il connaissait l'existence et à laquelle il déclare se rattacher, d'ailleurs, par ses opinions ;

Attendu que Blonde a été donné par *le Droit social* comme secrétaire d'une des sections anarchiques lyonnaises ; que les documents saisis chez lui, sa participation aux réunions publiques de la fédération et les motions qu'il y a présentées, ne permettent pas d'accueillir ses dénégations ; qu'il a avoué, à l'audience, avoir fait voter une proposition approuvant tous les crimes anarchiques en en regrettant l'insuccès ; qu'au demeurant Blonde n'a pas nié avoir assisté à une réunion de groupes, pendant laquelle une allocation a été accordée à Bordat pour l'indemniser de ses frais de voyage à Genève :

Attendu que *la Révolution sociale* (10 avril 1881) a publié une lettre signée Damians fils, dans laquelle il fournit des renseignements sur la constitution de la fédération lyonnaise ; que, dans un procès-verbal daté du 1er août 1882, trouvé chez Genoud, renfermant le compte rendu d'une réunion privée de la fédération lyonnaise, Damians est désigné comme ayant été nommé membre de la sous-commission de rédaction du journal *l'Etendard révolutionnaire* ; que la veille, ainsi qu'il appert des renseignements fournis par Péjot dans son interrogatoire, Damians avait été nommé membre de la Commission des Neuf, chargée à la fois de la direction du journal et de l'administration de la fédération ;

Attendu que Morel a reconnu devant le juge d'instruction que le groupe de la Croix-Rousse se réunissait chez lui ; que *le Droit social* du 5 mars 1882 l'a désigné comme secrétaire de ce groupe, formant la 2ᵉ section du 4ᵉ arrondissement ; qu'il s'est rendu à Genève lors du Congrès international du 13 août 1882 ; que les papiers saisis à son domicile, ainsi que les lettres qu'il a écrites ou fait écrire, ne peuvent laisser place à la moindre incertitude ; que c'est chez lui qu'a été découverte, dans le plancher, une cachette que sa femme, confrontée avec Hüser, a avoué avoir servi à recéler de la dynamite ;

Attendu que les explications de divers prévenus fournissent la preuve que Courtois a présidé la réunion privée tenue par la fédération le 15 juillet 1882 et celle du 31 octobre suivant ; que, dans la première, la société du *Droit social* fut dissoute, et dans la seconde, des secours alloués aux anarchistes réfugiés en Suisse ; qu'à l'audience, il a avoué avoir, en qualité de trésorier (nommé en remplacement de Bordat le 29 octobre 1882), reçu des mains de la femme de ce dernier, le reliquat de la caisse de la fédération ;

Attendu, en ce qui a trait à Didelin, que son affiliation résulte de la lettre adressée au nom de la fédération, le 18 août 1882, à Voisin, de Montceau-les-Mines, et où il est désigné comme le destinataire des renseignements demandés ; que *l'Etendard révolutionnaire* ayant annoncé qu'un registre était ouvert dans ses bureaux pour recevoir les adhésions de tous les jeunes gens désirant faire partie de la grève des conscrits, il y a apposé sa signature ; que l'inculpé a déclaré, à l'audience, avoir fréquenté les réunions anarchistes, avoir pris la parole dans l'une d'elles ;

Attendu qu'on a saisi chez Sourisseau plusieurs lettres de convocation signées Landeau, pour la réunion privée de la fédération du 13 octobre 1882 ; qu'il avoue avoir fait une lettre de convocation pour une réunion privée ; que, d'autre part, il a reçu de l'argent pour le compte de la fédération, à l'occasion de l'envoi d'un délégué à Genève ; qu'enfin, il a pris part aux réunions publiques anarchistes et y a présenté des motions violentes ;

Attendu, en ce qui concerne Thomas, Mathon, de Gaudenzi, Giraudon et Ribeyre, que les charges relevées contre eux sont insuffisantes ; que, s'il apparaît bien que ces inculpés professent des doctrines anarchistes, il n'a été établi à leur encontre aucun acte d'affiliation ;

Attendu, en ce qui concerne Georges Fabre, Louis Dejoux, Antoine Cyvoct, Borréas, Georges Garraud dit Valadier, Jean Baguet dit Bayet, Joseph Bontoux, Jean-Marie Bourdon, François Chazy, Adolphe Dard, Jean Jolly, Jean Renaud, que l'instruction

établit de la manière la plus évidente leur affiliation
à la fédération lyonnaise ; que cela résulte encore des
explications et affirmations de leurs co-prévenus et
des lettres ou documents, émanés d'eux ; qu'au
demeurant, leur fuite achève de faire ressortir leur
culpabilité ;

Attendu, quant au groupe des Indignés de Vienne,
que Martin, Fages, Sala, Zuida reconnaissent lui
appartenir, qu'Ebersoldt, inculpé en fuite, en faisait
partie, d'après l'information ; que, seul, Genet prétend n'en avoir jamais été membre et affirme qu'il
croyait que la réunion n'était qu'un cabinet de lecture ; mais le journal *le Droit social* du 5 mars 1882,
le représente comme membre du groupe des Indignés ; qu'il a d'ailleurs, ainsi qu'il est forcé de
l'avouer, signé une adresse des anarchistes de
Vienne au journal *le Droit social*, et assisté à des
réunions privées de la fédération lyonnaise chez
Bordat ;

Attendu, quant au groupe de Saint-Etienne, que
Etienne Faure, Régis Faure et Ricard reconnaissent en avoir fait partie ;

Attendu encore que Liégeon et Desgranges font la
même déclaration, relativement au groupe du Glaive
de Villefranche ; que Sanlaville conteste vainement
son affiliation à ce groupe ; qu'il est résulté de l'instruction et des débats de l'audience qu'il a assisté
aux réunions privées de ses membres, notamment
les 6 et 12 novembre 1882 ; que ses rapports avec la
fédération lyonnaise et le groupe de Vienne, sa participation au congrès de Genève, justifient parfaitement la prévention dirigée contre lui ;

Attendu que Michaud a été un membre des plus actifs du groupe des criminels du Creusot; qu'il a été en rapports étroits avec la Fédération anarchiste lyonnaise; qu'il a adressé des lettres et des placards ou brochures à divers groupes et nommément aux groupes de Paris;

Attendu que Voisin a été incontestablement au nombre des membres du groupe de Montceau-les-Mines; qu'il y était le correspondant de la fédération lyonnaise et de son journal, dans lequel il écrivait des articles dont les originaux ont été retrouvés; que le Tribunal, malgré le désaveu d'écriture formulé par Voisin, ne conserve pas le moindre doute; que Bordat est allé chez lui lors des événements de Montceau-les-Mines pour se livrer à une propagande active dans le sens anarchiste; que des lettres déjà citées démontrent surabondamment ses rapports assidus avec la fédération, ce que corrobore enfin la découverte d'une liste de souscription dressée par lui, en faveur de Bordat;

Attendu que Tressaud a confessé être affilié à un des groupes anarchistes de Marseille; qu'il a signé à ce titre, diverses adresses à des journaux ou des manifestes; qu'il s'est associé aux actes de la fédération lyonnaise, avec laquelle il était en intelligence et en correspondance, de même qu'avec d'autres groupes, et par exemple, le groupe des Indignés de Vienne (lettre de Desgranges à Bernard); que Maurin (inculpé en fuite) a fait partie du même groupe à Marseille; que les données de l'instruction fournissent la preuve qu'il a marché de concert avec son ami Tressaud;

Attendu que l'existence, l'organisation des groupes anarchistes, leur action commune, leurs incessants rapports, viennent d'être établis ; qu'il a été d'autre part justifié que tous les prévenus ci-dessus nommés, sauf Thomas, Mathon, de Gaudenzi, Giraudon et Ribeyre, faisaient partie de ces groupes ;

Attendu que certains des inculpés ont cherché à prétendre que les articles 291 du Code pénal et 1 à 5 de la loi du 10 avril 1834 ne pouvaient leur être applicables, à cause du caractère et de la nature des groupements anarchistes, et qu'il y avait là une exigence légale à satisfaire préalablement ; mais attendu que l'instruction, les divers éléments de preuve versés aux débats, les aveux exprès de la plus grande partie des inculpés établissent qu'il s'est agi de tout autre chose que de réunions temporaires accidentelles, non préparées à l'avance et sans but déterminé ; qu'au contraire, l'association se révèle à l'évidence et que tout met en lumière le concours d'adhérents se réunissant fréquemment, sur des convocations ou avis des journaux, dans un intérêt commun et dans un but déterminé (voir un avis dans *l'Etendard*, 4e page, du 1er octobre 1882) ; que si les groupes ou sections anarchistes n'avaient pas de président, ce qui était conforme aux idées anarchistes, ils avaient des secrétaires ; que ces secrétaires étaient chargés des convocations et de la correspondance ; que les sections se sont réunies souvent en séances plénières ; qu'il a été constitué des commissions de direction et d'administration de la fédération, savoir : commission exécutive, commission de rédaction, commission de finances et du contrôle, commission de prépar   conférences et de réunions publiques ; qu'il a été nommé un trésorier ; qu'enfin les groupes régionaux composés tous, comme les prévenus l'ont avoué, de plus de vingt personnes, se sont comportés de la même manière ; qu'inutilement quelques-uns des inculpés ont essayé de représenter les groupes comme de simples rendez-vous ; que tout concourt à réfuter cette prétention ;

(Cela résulte de la plupart des interrogatoires dressés par le juge d'instruction et des déclarations fort détaillées et fort précises des co-prévenus devant le Tribunal. Ainsi Bonnet, Blonde, Courtois, Crestin, Pinoy, Viallet, Bardoux, Bordat, Dejoux, Berlioz-Arthaud, Bruyère, Champalle ont été membres de diverses commissions ou encore secrétaires ou trésoriers.)

(Voir *le Droit social* du 5 mars 1882.)

(Procès-verbal saisi chez Genoud, daté du 1ᵉʳ août 1882.)

(Lettre de Bonnet à Bernard, du 12 mai 1882. Comparer *Droit social* 11 juin, 23 juillet 1882; *Etendard* 6 août 1882, etc., etc....)

Attendu qu'il importe, dès ce moment, d'indiquer les doctrines et les projets de la fédération lyonnaise et des groupes s'y rattachant ; que le prévenu Bernard, le principal organisateur, a déclaré que Lyon avait été choisi parce qu'il paraissait plus propice que la capitale à un mouvement révolutionnaire, entouré qu'il est de villes ouvrières importantes ;

Attendu que les membres de la fédération anarchiste lyonnaise, ainsi que ceux des groupes qui s'y rattachaient, n'ont pas cessé d'émettre les propositions ou doctrines les plus incendiaires ; que, sans revenir sur les actes qui ont été plus haut signalés, il est constant que les journaux de la fédération avaient ouvert des souscriptions en vue de la propagande par le fait ; que des offrandes étaient versées par les partisans de la *Nitro* (sic), de la Hache, de la Corde, du Glaive, etc.;

Que les brochures les plus révoltantes, telles que : « *Mort aux voleurs* », étaient distribuées et colportées par les fédérés ; que le *Droit social* publiait des articles expliquant la fabrication de la dynamite et encourageant à en faire usage ; que la même feuille et les orateurs des réunions préconisaient la guerre d'homme à homme, disant que les émeutiers devaient être les justiciers de leurs ennemis personnels; qu'on demandait couramment, dans les conférences ou réunions, l'assassinat de tous les bourgeois, en proclamant que la prochaine révolution ne se ferait pas par les barricades, mais par la guerre d'homme à homme, à domicile.

Qu'on poussait à la destruction des titres de propriétés et de toutes les fictions légales ; qu'on se solidarisait avec tous les criminels qui commettraient des faits pouvant être considérés comme se rapportant à la question sociale : ainsi l'incendie de la raffinerie Sée à Paris, le meurtre d'un garde-mine dans le Gard, l'attentat de Fournier, de Roanne, l'emploi des bombes explosibles en Espagne ; la tentative contre la statue de Thiers ;

Que les groupes échangeaient entre eux des communications sur la pyrotechnie, la fabrication de la poudre, des matières explosibles ; s'envoyaient des livres et des écrits y ayant trait ; que plusieurs anarchistes avaient dans leurs papiers ou carnets des recettes pour la préparation des mélanges détonants ou fulminants ;

Que dans une réunion, notamment, François Dejoux reconnaît avoir présenté et fait voter une proposition sur l'organisation des barricades, l'usage à faire de la dynamite ;

Qu'il est constant, d'après l'instruction, qu'au mois de mai 1882, Bordat s'est rendu à Genève pour y chercher de la dynamite, conformément à la décision d'un comité dit des Intrépides, en vue de préparer un acte par le fait (Lettre de Peillon à Bernard, 4 juin 82. — Interrogatoire de Trenta et déclaration de Dejoux) ; qu'au mois de juin, Dejoux a montré à Trenta un *bijou* qui n'était autre qu'une bombe consistant en une boule de cuivre perforée ; que plusieurs membres de la fédération ont cherché à détourner le produit de la souscription pour l'achat d'un revolver d'honneur à Fournier, et à en faire servir le montant à un acte de propagande par le fait ; qu'on a saisi diverses pièces donnant la preuve des vues criminelles de la fédération, parmi lesquelles un état des forts, forteresses, canons de la place de Lyon, ainsi que les adresses des armuriers avec la nomenclature de tous les fonctionnaires, officiers, prêtres, rabbins, magistrats, manufacturiers, banquiers, qu'il fallait supprimer ;

Que dans des réunions, divers membres des comités anarchistes faisaient la description des armes à employer pour frapper les brigands, assassins, qui exploitent le peuple ; que la fédération s'était organisée un moment en comité de résistance ; qu'elle se préoccupait d'avoir à sa disposition les substances explosibles qui pouvaient être nécessaires ; qu'ainsi Hüser a été forcé de reconnaître qu'il avait été délégué à Vienne pour y chercher de la dynamite et qu'il avait été aussi envoyé chez Morel, dans le domicile duquel se trouve une cachette qui a sûrement contenu quelques cartouches; qu'on a saisi en la possession de Ricard trois mètres de mèches servant aux explosions des mines ; que dans une réunion publique on a demandé la mise à mort des journalistes qui y assistaient et que ceux-ci y ont couru de grands dangers ;

Qu'enfin, il faut constater que toutes ces violences de langage, tous ces actes, ont eu les conséquences déplorables qu'ils comportaient; que dans des réunions à Villefranche et à Lyon, les anarchistes ont répété plusieurs fois :

Où les trouverez-vous, ces bourgeois ? *à l'Assommoir* ! mais patience, l'heure est venue pour eux ;

Que dans la nuit du 21 au 22 octobre à Lyon, au théâtre Bellecour, et dans le café dit *l'Assommoir*, un horrible et sanglant attentat a été commis, suivi, le lendemain, d'une autre tentative contre le bureau de recrutement à la Vitriolerie; que ces deux attentats, dont le premier a jeté le deuil, la consternation et l'effroi dans la population lyonnaise, ont été approuvés par les anarchistes et leur sont imputables dans une certaine mesure;

Attendu que cet exposé suffit au Tribunal pour apprécier les dangers et les redoutables périls des théories et actes anarchistes que l'on retrouve encore, quoique à un degré affaibli, dans la déclaration lue à l'audience par Tressaud au nom de 47 de ses co-inculpés ;

Attendu que le Tribunal est heureux d'affirmer que ces détestables et criminelles doctrines n'ont aucun écho à Lyon dans la population vraiment honnête et laborieuse qui les réprouve énergiquement ;

Attendu ces faits posés et l'intention coupable des prévenus étant caractérisée, qu'il convient de rechercher si, comme le soutient l'organe du Ministère public, la fédération révolutionnaire de l'Est, et par suite, les membres qui la composent, se sont rattachés à une association internationale ayant pour but de provoquer à la suspension du travail, à l'abolition du droit de propriété, de la famille, de la patrie, de la religion ou du libre exercice des cultes dans les termes de la loi du 14 mars 1872; que M. le Procureur de la République prétend que, soit par ses efforts pour participer à la reconstitution de l'Association internationale des Travailleurs, soit après sa reconstitution par la propagation de ses doctrines, le concours sciemment donné à leur développement et à celui de la société, les adhésions collectives fournies, — la fédération de l'Est est tombée sous le coup de la loi ;

Attendu qu'il est constant pour le Tribunal, d'après l'examen du dossier, que l'Association internationale des Travailleurs visée par la loi de 1872, avait fini son existence depuis quelques années, mais qu'aux mois d'avril et mai 1881, sous l'influence des agitateurs de divers pays et surtout de Kropotkine, un comité d'organisation se formait à Londres et adressait aux révolutionnaires des deux mondes des appels en vue de grouper toutes les forces insurrectionnelles, pour la reconstitution de l'association internationale des travailleurs; que l'un des appels se terminait ainsi :

Pour les pays où la loi ne permet pas les associations internationales, les citoyens feraient bien de nous envoyer leurs adhésions et leurs correspondances par l'entremise de citoyens demeurant dans un autre pays.

(Voir nos du *Révolté* des 30 avril et 14 mai 1881, et l'appel saisi au siège de *l'Étendard*) ;

Attendu que quelque temps avant ces appels, et le 10 février 1881, Gauthier écrivait à Crié une lettre dans laquelle il lui parlait de ses tentatives jusquelà presque infructueuses, pour l'organisation d'un congrès international ; qu'il racontait qu'à la suite d'un échange de lettres avec Most, il pensait qu'il serait plus convenable que la conférence internationale projetée eût lieu en Suisse,

Ce qui serait plus commode pour les groupes du Midi, les seuls qui consentent à se mêler de l'affaire ;

Qu'après avoir, dans cette lettre, présenté l'état des forces anarchistes dont il dispose, Gauthier continue en disant :

Qu'il veut se consacrer désormais à une besogne souterraine consistant à : 1° faire des recrues ; 2° relier le groupe parisien du Panthéon aux groupes de province, qui ne sont pas exposés à la même gangrène que les politiciens ouvriers ou autres de Paris ; 3° faire avec les blanquistes l'union révolutionnaire ;

Attendu que le 18 février 1881, Gauthier, occupé à préparer avec ses coreligionnaires politiques le congrès de Londres, écrivait encore à Crié :

Je ne suis pas du tout de ton avis, quand tu dis qu'il n'y a aucun danger légal à accepter le rôle de correspondant français du congrès de Londres, etc., etc..., mais j'accepte. ... C'est tout au plus si je commence à être fixé définitivement sur la date et le lieu de la conférence ;

Et plus loin :

Comment les groupes seront-ils avisés de l'existence et de l'adresse des correspondants ?

Attendu qu'à la date du 14 au 20 juillet 1881, le congrès international fut tenu à Londres ; qu'il résulte des procès-verbaux publiés par *le Révolté* (n°ˢ du 23 juillet et suivants, année 1881), que les groupes anarchistes de Lyon, Vienne, Marseille, le Creusot (listes n°ˢ 13, 15 et 40 ; voir aussi dans *la Révolution sociale*, du 6 mars 1881, le manifeste international de Tressaud, au nom des groupes de Marseille) y étaient représentés ; que Kropotkine envoyé par *le Révolté* de Genève, au nom de la fédération jurassienne, prit aussi le titre de délégué de la fédération lyonnaise, et présenta, le 14 juillet, un rapport sur l'organisation de cette fédération, sur son développement, son extension au dehors de la ville de Lyon et sur l'esprit qui animait ses membres ;

Qu'à la date du 15 juillet, Kropotkine expose encore comment on concevait la Révolution dans la fédération jurassienne « et à Lyon »; qu'il soutint la nécessité d'adhérer à l'Association internationale des Travailleurs (voir *Révolté* du 6 août 1881) et d'établir un bureau central international de renseignements, chargé de correspondre avec les groupes dont le nombre était trop considérable pour que l'échange des communications extérieures fût relativement facile (n° du *Révolté* du 20 août 1881);

Attendu qu'à la suite des délibérations du congrès, le titre d'*Association internationale des Travailleurs* fut adopté; qu'une Commission de renseignements fut instituée, et qu'enfin l'admission des groupes, dans l'Internationale, fut considérée, comme de droit, par le seul fait de l'envoi de l'adhésion des groupes au bureau central (*Révolté* du 20 août 1881);

Attendu enfin que les délégués du Panthéon et de Vienne et celui des Révoltés et de Lyon, c'est-à-dire Gauthier (qui l'a avoué à l'audience) et Kropotkine, acceptèrent, conformément aux mandats qu'ils avaient reçus, la déclaration générale de solidarité pour tout acte révolutionnaire (*Révolté* du 20 août 1881);

Attendu que, de l'étude à laquelle s'est livré le Tribunal, il ressort que la constitution de l'association internationale faite à Londres a une physionomie particulière; que le trait distinctif de l'idée anarchiste, étant l'absence d'autorité, on s'est appliqué constamment, dans les réunions, à écarter tout ce qui pouvait être considéré comme un pouvoir et même comme une direction; qu'on est parti de ce principe, que les groupes devaient tous conserver leur autonomie et ne pas abdiquer aux mains d'administrateurs, comme dans l'ancienne association internationale ; qu'en résumé, on peut considérer désormais que l'association internationale ne se manifeste que par la réunion des délégués des groupes composant ainsi un congrès, délibérant sur les moyens d'action, prenant les résolutions nécessaires et cessant provisoirement son effet par suite de la dispersion des délégués jusqu'au moment où le bureau central de renseignements, à dates fixes ou à l'époque opportune, adresse des convocations à tous les groupes du monde ;

Attendu que les résolutions votées à Londres, communiquées aux groupes et adoptées par eux s'analysent ainsi : guerre féroce, sans pitié, de toutes les manières, et sous toutes les formes, aux détenteurs du capital et de la propriété ; abstention électorale complète ; mépris et attaques contre le suffrage universel ; discrédit du parlementarisme et du despotisme industriel ou financier. Le mot d'ordre est : nier toute autorité et légalité ; calomnier les députés à quelque parti ou fraction qu'ils appartiennent ; poursuivre la destruction de tout gouvernement, quelle que soit sa dénomination, monarchiste ou républicain ; réclamer l'expropriation collective ; décrier le service militaire, l'idée de patrie ; nier Dieu ou la religion ; exciter à la grève sous toutes ses formes, etc., etc.

Attendu en l'état de ces faits que, vainement, Kropotkine demande la représentation du mandat qui lui aurait été donné ; que sa conduite à Londres, le rapport qu'il a fait au congrès, ses voyages postérieurs à Lyon, Saint-Etienne et Vienne, attestés par les lettres qu'il a écrites à Péjot les 8 et 9 novembre 1881, à Ricard les 22 octobre et 27 février 1882, à Bernard en février 1882, ne laissent place à aucune controverse sérieuse ; que de même, la conduite tenue postérieurement par la fédération lyonnaise et ses annexes, ne permet pas de discuter l'existence du mandat ; que, du reste, une lettre signée Damians fils (*Révolution sociale*, 10 mars 1881) donne la preuve que la fédération lyonnaise avait résolu de se faire représenter à Londres ;

Attendu que Gauthier, dans une lettre qu'il écrivait le 22 février 1881 à Crié, appréciait bien les conséquences d'une pareille adhésion :

L'idée qui consiste à faire imprimer les noms des correspondants du congrès de Londres dans nos journaux est purement et simplement une merveille d'absurdité. J'avais compris d'abord qu'il s'agissait d'adresser, à tous les groupes connus, un appel sous enveloppe fermée, pour leur apprendre la réunion internationale projetée et leur permettre de s'y faire représenter. Voilà maintenant qu'il s'agit de livrer l'affaire à la publicité, de lui donner le plus grand retentissement possible ; on veut donc provoquer la police. Il y a 99 chances sur 100 pour que les compagnons dont les noms auront été ainsi révélés soient arrêtés dans les 48 heures et bel et bien condamnés dans les pays où l'Internationale est hors la loi. Inutile d'ajouter que ce sera la mort du parti en formation en France... Dans la situation où se trouvent les esprits, il ne pourrait rien nous arriver de pire que d'être poursuivis et condamnés pour délit d'organisation. S'il s'agissait d'un délit d'action, ce serait autre chose : on ne réussirait qu'à augmenter le nombre des peureux.

Attendu que les groupes de St-Étienne, sous l'influence de Bernard, Reclus et Kropotkine, se sont aussi préoccupés de se rattacher à l'Internationale et qu'ils y ont fait acte d'affiliation, comme il appert d'une lettre adressée, le 12 décembre 1881, au groupe de Vienne (à Martin), par Petit, membre de *l'Alliance* de St-Étienne :

Nous avons également le bureau de renseignements de Londres, nous n'en avons plus su de nouvelles depuis le Congrès, peut-être se décidera-t-il à nous en donner d'ici quelques jours, Kropotkine ayant dit qu'il leur en parlerait.

Attendu que chez Michaux, du groupe des Criminels, du Creusot, il a été saisi une liste de souscription, pour les frais d'un délégué à Londres, et un écrit sur la reconstitution de l'Internationale des deux mondes ;

Attendu que dans le cours de l'année 1882, la Fédération révolutionnaire lyonnaise s'est fait représenter, par Dejoux, au Congrès international de la Fédération jurassienne tenu à Lausanne, le 4 juin 1882 ; que le délégué de la Fédération y prit la parole en son nom et lui envoya, sous forme de lettre, un rapport publié dans *le Droit social* du 11 juin 1882, où il dit :

J'ai vu, avec surprise, l'Internationale des travailleurs aussi vivace que jamais.

Qu'il ajoute :

Je ne puis vous donner par écrit les conclusions du Congrès. Nous avons décidé d'avoir une grande entrevue avec les délégués de toutes les sections révolutionnaires d'Europe, et pour cela nous profitons d'inviter nos amis à venir, à Genève, les 12, 13 et 14 août, par les trains de plaisir, et tandis que MM. les Bourgeois écouteront les accords orphéoniques des 17,000 exécutants réunis, nous, révolutionnaires, nous nous réunirons d'un autre côté pour leur préparer la salle de bal, et leurs musiques joueront ; ce jour-là, la nôtre est prête.

Attendu que l'Alliance stéphanoise anarchique a voté une adresse d'adhésion au congrès de Lausanne, signée : Régis Faure, insérée au *Droit social* de juin 1882 ;

Attendu que, conformément à ces résolutions du congrès de Lausanne, *la section de propagande de Genève de la Fédération jurassienne de l'Association internationale des Travailleurs*, adressait un manifeste pour convoquer les groupes à une réunion de l'association internationale à Genève, les 12, 13 et 14 août, dont voici les termes :

Le Congrès de Lausanne, le 4 juin 1881, a décidé *en suite de correspondances reçues de plusieurs groupes révolutionnaires de Lyon, St-Étienne, Vienne et d'autres localités de la France*, d'organiser, etc., etc... Nous vous invitons à lui donner, par votre présence, *le caractère international* réclamé par l'importance de son ordre du jour. (N° du *Révolté* du 22 juillet 1882. — *Étendard* du 13 août 1882 et du 3 septembre 1882.)

Attendu que cette note était évidemment très exacte puisque, le 11 juin 1882, un mois auparavant, *le Droit social* publiait, sous la rubrique « Lyon », l'avis suivant :

Tous les compagnons adhérant à la Fédération révolutionnaire sont invités à assister à la réunion générale du parti révolutionnaire qui aura lieu samedi soir, à 8 heures, chez Célérier. Ordre du jour : *Nomination d'un délégué au Congrès international de Genève...* Le Secrétaire, Crestin. (Voir aussi *Droit social*, 23 juillet 1882, invitant les groupes à envoyer des délégués.)

Attendu que *le Révolté* (n° du 19 août 1882) a signalé

parmi les participants, un certain nombre de délégués des groupes de Lyon, Villefranche, St-Étienne, Vienne, Montceau-les-Mines, Paris, Bordeaux, plus, des compagnons non mandatés ; que les délégués des groupes de la région lyonnaise ont fait des rapports sur les progrès des anarchistes, des forces dont ils disposaient, évaluées, dans le bassin, à plus de 6,000 hommes, et sur l'extension toujours croissante des adhérents ; qu'enfin, à la séance du lundi 14 août, lecture a été faite du projet d'un manifeste proposé à la discussion des groupes. En le rapportant *in extenso*, le Tribunal se dispensera de préciser ou de définir le but de l'association internationale et de l'anarchisme :

« Notre ennemi, c'est notre maître. »

Anarchistes, c'est-à-dire hommes sans chefs, nous combattons tous ceux qui se sont emparés d'un pouvoir quelconque ou veulent s'en emparer. Notre ennemi, c'est le propriétaire qui détient le sol et fait travailler le paysan à son profit ; notre ennemi, c'est l'Etat, monarchique, oligarchique, démocratique ou ouvrier, avec ses fonctionnaires et ses états-majors d'officiers, de magistrats ou de mouchards. Notre ennemi, c'est toute abstraction de l'autorité qu'on l'appelle diable ou bon Dieu, au nom de laquelle les prêtres ont si longtemps gouverné les bonnes âmes. Notre ennemi, c'est la loi, toujours faite pour l'oppression du faible par le fort et pour la justification et la consécration du crime.

Mais si le propriétaire, le patron, les chefs de l'Etat, les prêtres et la loi sont nos ennemis, nous sommes aussi les leurs et nous nous redressons contre eux.

Nous voulons reconquérir le sol et l'usine sur le propriétaire et le patron ; nous voulons abolir l'Etat, sous quelque nom qu'il se cache ; reprendre notre liberté morale contre le prêtre et la loi. Dans la mesure de nos forces, nous travaillons à la destruction de toutes les institutions officielles, et nous nous déclarons solidaires de tout homme, groupe ou société qui nie la loi par un acte révolutionnaire. Nous écartons tous les moyens légaux, parce qu'ils sont la négation même de notre droit ; nous repoussons le suffrage, dit universel, ne pouvant nous départir de notre souveraineté individuelle et nous rendre d'avance complices de crimes commis par de prétendus mandataires. Entre nous, anarchistes, et tout parti politique, conservateur ou modéré, combattant toute liberté ou la concédant par doses, la scission est complète. Nous voulons rester nos propres maîtres et celui d'entre nous qui viserait à devenir un chef, est traître à notre cause.

Toutefois, nous savons que la liberté individuelle ne peut exister sans association avec d'autres compagnons libres. Nous vivons les uns par les autres ; c'est la vie sociale qui nous a faits, c'est le travail de tous qui donne à chacun le sentiment de son droit, la force de le défendre. Tout produit social est une œuvre collective à laquelle tous ont également droit. Nous sommes donc communistes, nous reconnaissons que sans la destruction des bornes patrimoniales, communales, provinciales, nationales, l'œuvre de la Révolution serait toujours à refaire. A nous de conquérir et de défendre la propriété commune quelles que soient notre langue et l'étiquette des gouvernements à renverser !

Attendu que cet exposé sera complet si l'on ajoute que l'association internationale n'attend rien que de la force, des moyens incendiaires ou violents ; que, recommandant surtout la propagande par le fait, elle encourage les attentats et tous les actes révolutionnaires, que tout se résume en cette lettre de Reclus à Ricard :

Nous étonnerons la Russie !

Attendu qu'il a été saisi deux lettres, l'une d'Hersig, directeur du *Révolté*, à Genève, à Kropotkine (22 août 1882) ; l'autre de Kropotkine à Ricard (24 août 1882), qu'il y est dit :

Notre réunion à Genève a été splendide : 12 de Lyon, 3 de St-Etienne, 3 de Vienne, 1 de Villefranche, 1 de Bordeaux, 1 de Cette, 2 de Paris, etc., etc. Elle a été excellente, non seulement parce que nous avons trouvé des groupes complètement anarchistes, mais surtout parce nous avons lié connaissance avec de nouveaux amis.

Que dans la seconde lettre, se trouve l'appréciation qui suit, par Kropotkine :

Quel **regret** que je n'ai pu y être !

Il était alors expulsé de Suisse.

Attendu qu'il est résulté des déclarations de Bordat et de plusieurs de ses co-prévenus qu'il avait représenté à Genève la Fédération révolutionnaire ; que sans s'arrêter aux équivoques que Bordat a soulevées, il est incontestable qu'il a été indemnisé par la Fédération de son voyage à Genève ; qu'il a fait connaître, ainsi que plusieurs de ses co-détenus, que le manifeste du 13 août avait été entièrement adopté par la Fédération comme par tous les groupes régionaux, ce qui ressortait déjà implicitement de la parfaite conformité des vues, comme de l'insertion de ce manifeste dans le n° du 20 avril 1882 de l'*Etendard* et d'un avis du *Révolté*, n° du 14 octobre 1882, ainsi conçu :

Nous invitons les groupes à envoyer leurs adhésions au manifeste élaboré le 13 août, soit à l'*Etendard*, soit au *Révolté*.

Attendu encore qu'il a été avoué par Morel, les frères Trenta, Péjot, qu'en leur qualité de membres de la Fédération révolutionnaire, ils avaient pris part au Congrès de Genève, en même temps que le délégué officiel ;

Attendu que, d'une lettre saisie, adressée à Voisin,

membre du groupe de Montceau-les-Mines, le 18
août 1882, il résulte qu'un membre de ce groupe a
assisté au congrès international de Genève, mais,
toutefois, sans avoir le titre de délégué officiel ;

Attendu, d'autre part, que Régis Faure (voir sa
lettre à Bordat du 9 août 1882 et ses interrogatoires)
a représenté à ce congrès l'Alliance anarchiste de
Saint-Etienne, concurremment avec Etienne Faure,
dit *Cou-Tordu*, délégué par les groupes de la Jeunesse
anarchiste et les Outlaws de cette ville ; que Ricard,
membre de ces groupes, y a été aussi délégué, qu'il
le reconnaît et avoue qu'il y avait des Stéphanois au
congrès ;

Attendu aussi que Michel Sala et Fages, en qualité
de délégués du groupe des Indignés, de Vienne, se
sont rendus au congrès international de Genève ; que
cela est constaté par une lettre de Martin (saisie)
portant la date du 8 août 1882, écrite de Vienne au
journal *le Révolté* :

Je profite de l'occasion du délégué de Vienne à Genève
pour vous faire parvenir...... Je vous souhaite une nom-
breuse réunion.

Attendu que le groupe du Glaive, de Villefranche,
a également commissionné un délégué ; que la présence de ce dernier à la réunion n'est pas douteuse,
ainsi que cela est établi par le procès-verbal du
journal « *Le Révolté* » ; qu'au reste, le 7 août 1882,
Liégeon, du groupe de Villefranche, écrivait à Bordat
une lettre (saisie) pour lui demander l'heure du dé-
part des délégués de Lyon pour Genève :

Afin que le délégué de Villefranche puisse se joindre à eux.

Qu'inutilement Liégeon prétexte que, la souscription pour l'envoi du délégué n'ayant pas été suffisamment élevée, on avait renoncé à se faire représenter ; qu'il est forcé d'avouer que si un délégué à titre officiel n'a pas été mandaté, le groupe a dû être représenté par un ami, ce qui a la même portée ; qu'au demeurant, les explications de Desgranges à l'audience fournissent le témoignage de l'envoi d'un délégué ; que Desgranges, en effet, reconnaît cet envoi par son groupe, mais ajoute qu'il n'a pas su qui on avait désigné ;

Attendu que le 16 août eut lieu, à Lyon, une réunion publique, organisée par la commission exécutive de la Fédération, dans la salle de la Perle, et que l'ordre du jour publié dans les journaux anarchistes et par voie d'affiches était ainsi conçu :

Trois délégués à la réunion internationale de Genève y prendront la parole, et y traiteront : le compagnon *Bordat,* du mouvement révolutionnaire universel ; le compagnon *Vaillat,* des groupes anarchistes de Paris, de la persécution gouvernementale ; le compagnon *Michel,* de Cette, de la misère du peuple.

Attendu que le 17 octobre 1882, Maurin (inculpé en fuite), écrivait de Marseille à Bordat et aux compagnons de *l'Étendard* (lettre saisie) pour leur annoncer que le groupe anarchiste international marseillais, dont il était membre avec Tressaud, avait pris l'initiative de la constitution d'une fédération révolutionnaire à Marseille ; qu'il annonçait que cette tentative avait eu un plein succès ; que Tressaud avait déjà envoyé des lettres au nom du club international de

Marseille et que les papiers saisis chez lui (statuts d'une association cosmopolite), ne laissent pas de doute sur l'affiliation de son groupe à l'association internationale ;

Attendu qu'à la date du 8 octobre 1882, *l'Étendard* publiait avec l'en-tête « Parti révolutionnaire international » l'annonce de conférences devant avoir lieu : à Villefranche, le 21 octobre ; à Lyon, le 22 ; à Vienne, le 23 ; à Genève, le 25 ; à Lausanne, le 26 ; que l'affiche, placardée par les soins de la fédération, à Lyon, pour la conférence du 22 octobre, porte en tête le titre significatif de : « *Fédération révolutionnaire internationale* » ; que Péjot, dans son interrogatoire à l'audience, avoue avoir antérieurement commandé, au nom de la fédération, des affiches qui portaient : « *Fédération internationale de l'Est* » ;

Attendu que, de tous ces faits, il s'évince la preuve irrécusable que : 1° la fédération lyonnaise, le groupe de Vienne et les groupes de Marseille et du Creusot ont adhéré à la reconstitution de l'Association internationale à Londres, le 14 juillet 1881 ; 2° la fédération lyonnaise, l'Alliance stéphanoise, ont adhéré au congrès de Lausanne du 4 juin 1882 ; 3° la fédération lyonnaise, les groupes de Saint-Etienne, Villefranche, Vienne, Montceau-les-Mines, Marseille, ont adhéré au congrès de Genève du 13 août 1882 ;

Attendu que tous les prévenus ont su nécessairement que la fédération ou les groupes auxquels ils appartenaient se rattachaient à l'Association internationale des Travailleurs ; qu'ils ont sciemment fait partie d'une telle organisation, et qu'ils en ont accepté les principes qu'ils soutenaient, au reste, auparavant, et persistent à professer aujourd'hui ;

Sur l'application de la peine :

Attendu, en ce qui concerne Kropotkine, que cet inculpé s'est incontestablement affilié hors du territoire français à l'Association internationale des travailleurs, mais qu'il importe de préciser que l'affiliation à l'Internationale est un délit successif ;

Qu'il est constant que Kropotkine, après avoir représenté la fédération lyonnaise au Congrès de Londres, s'est rendu en France, et qu'il a fait des voyages à Lyon, Saint-Etienne, Vienne ; qu'il appert de sa correspondance avec Ricard, Péjot et Bernard, et de l'information, qu'il s'est occupé de l'organisation des groupes, qu'il a sciemment aidé, travaillé, concouru, sur le sol français, au développement d'une association qui avait pris, par sa délégation même, le caractère international ; que Kropotkine n'a jamais cessé de faire partie de l'Association internationale, à telles enseignes que *le Révolté* du 8 juillet 1882 reproduit la lettre d'adhésion envoyée par lui de Londres au Congrès international de Lausanne du 4 juin 1882 ;

Attendu, en ce qui concerne Gauthier, que celui-ci, fondateur du groupe anarchiste du Panthéon, à Paris, l'a représenté au Congrès international de Londres, le 14 juillet 1881, en même temps que le groupe de Vienne ; qu'il est de la dernière évidence, soit par ses écrits, soit par ses discours ou ses explications à l'audience, qu'il n'a pas discontinué d'appartenir à l'association internationale, qu'il a contribué à restaurer ; que le Tribunal, à bon droit, le considère comme un des fauteurs principaux de la révolution internationale ;

Attendu que Kropotkine a été expulsé de la Suisse par un arrêté du Conseil fédéral, en date du 23 août 1881, portant notamment :

Que tous les renseignements sont d'accord pour représenter Kropotkine comme un agent actif et influent de la propagande qui a l'anarchie pour but et l'assassinat pour moyen ; qu'il a dit, par exemple, dans un article intitulé *l'Action* (*Révolté* du 25 décembre 1881) : Notre action doit être la révolte permanente, par la parole, par l'écrit, par le poignard, le fusil, la dynamite, voire même des fois par le bulletin de vote, lorsqu'il s'agit de voter pour Trinquet ou Blanqui inéligibles. Tout est bon pour nous qui n'est pas la légalité.

Que le Tribunal a pu se convaincre que Kropotkine persistait dans le fonds de ces déclarations ;

Attendu, en ce qui concerne Gauthier, que son attitude à l'audience a différé de celle qu'il a constamment prise dans sa propagande par la plume ou la parole ; que cet inculpé n'a cessé de glorifier l'emploi de la dynamite, des moyens sanguinaires ou violents et qu'il a dit dans une réunion publique :

Que la Commune n'avait fait que deux bonnes choses : l'assassinat des généraux Clément Thomas et Lecomte et la fusillade des otages.

En ce qui concerne Bernard et Bordat :

Attendu que leur culpabilité revêt, comme celle de Kropotkine et Gauthier une sérieuse gravité ; qu'il y a donc lieu de faire à ces quatre prévenus une application sévère de la loi ;

Attendu qu'à l'égard des prévenus restants, les uns ont été classés par la prévention dans une première catégorie, comme tombant sous l'application de l'article 2 de la loi du 14 mars 1872, et les autres dans une deuxième catégorie, placée sous la règle de l'article 3 ;

Attendu que le Tribunal a pu se convaincre que cette classification n'était pas rigoureusement exacte, et que certains des prévenus de la 2ᵉ catégorie étaient moins coupables que ceux de la 1ʳᵉ ; qu'il a été amené ainsi à dresser une sorte de tableau figurant par séries et gradations ascendantes le degré de la criminalité ;

Que dans une première série et comme les moins responsables figurent : 1º Chavrier, 2º Coindre, 3º Cottaz, 4º Damians, 5º Didelin, 6º Berlioz-Arthaud, 7º Hugonnard, 8º Sourisseau, 9º Viallet, 10º Champalle ;

Dans une 2ᵉ série : 1º Bardoux, 2º Courtois, 3º Bruyère, 4º François Dejoux, 5º Dupoizat, 6º Fages, 7º Landeau, 8º Joseph Trenta, 9º Jules-Hyacinthe Trenta ;

Dans une 3ᵉ série : 1° Bonnet, 2° Régis Faure, 3° Genety, 4° Glaizal dit Garnier, 5° Hüser, 6° Peillon, 7° Pinoy, 8° Sala, 9° Sanlaville, 10° Voisin, 11° Zuida, 12° Genoud ;

Dans une 4ᵉ série, qui comprend, ainsi que les suivantes, l'application de l'article 3 de la loi du 14 mars 1872 :

1° Etienne Faure dit Cou-Tordu, 2° Morel, 3° Tressaud, 4° Michaud, 5° Potet ;

Dans une 5ᵉ série : 1° Blonde, 2° Crestin, 3° Péjot, 4° Desgranges ;

Dans une 6ᵉ série : 1° Ricard, 2° Martin, 3° Liégeon ;

Dans une 7ᵉ et dernière série : 1° Bernard, 2° Bordat, 3° Gauthier, 4° Kropotkine ;

Attendu qu'il est justifié à l'égard des prévenus, compris dans la 4ᵉ série et dans les suivantes, de l'acceptation de fonctions ou de concours sciemment donnés au développement et à la propagation des doctrines de l'Internationale ; qu'ils lui ont procuré des adhésions collectives ou individuelles ;

Attendu que les prévenus défaillants sont, les uns sous le coup de l'article 2, les autres sous l'application de l'article 3, suivant les catégories ci-après :

1ʳᵉ catégorie. — 1° Fabre ; 2° Louis Dejoux.

2ᵉ catégorie. — 1° Cyvoct ; 2° Borréas ; 3° Ebersoldt ;

4° Georges Garraud dit Valadier ; 5° Jean Baguet dit Bayet ; 6° Joseph Bontoux ; 7° Bourdon ; 8° Chazy ; 9° Dard ; 10° Jolly ; 11° Renaud ; 12° Maurin ;

Attendu qu'à l'égard de tous ces prévenus les incriminations sont parfaitement constatées ;

Par ces motifs, le Tribunal jugeant publiquement en matière correctionnelle et en premier ressort ;

Statuant par défaut en ce qui concerne Fabre, Louis Dejoux, Cyvoct, Borréas, Ebersoldt, Georges Garraud dit Valadier, Jean Baguet dit Bayet, Joseph Bontoux, Bourdon, Chazy, Dard, Jolly, Renaud et Maurin, et contradictoirement en ce qui concerne les autres inculpés,

Dit que la prévention n'est pas suffisamment justifiée en ce qui touche de Gaudenzi, Giraudon, Mathon, Ribeyre, Thomas ; quoi faisant, les renvoie des fins de la plainte sans dépens ;

Dit, au contraire, que tous les autres prévenus sont reconnus coupables des faits qui leur sont reprochés, et leur faisant application des articles 1, 2 et 3 de la loi du 14 mars 1872, qui sont ainsi conçus :

Art. 1er. — Toute association internationale qui, sous quelque dénomination que ce soit, et notamment sous celle d'*Association internationale des travailleurs*, aura pour but de provoquer à la suspension du travail, à l'abolition du droit de propriété, de la famille, de la patrie, de la religion ou du libre exercice des cultes, constituera, par le seul fait de son existence et de ses ramifications sur le territoire français, un attentat contre la paix publique.

Art. 2. — Tout Français qui, après la promulgation de la présente loi, s'affiliera ou fera acte d'affilié à l'association internationale des travailleurs ou à toute autre association professant les mêmes doctrines et ayant le même but, sera puni d'un emprisonnement de trois mois à deux ans et d'une amende de 50 à 1,000 francs. Il pourra en outre être privé de tous ses droits civiques, civils et de famille énumérés en l'article 42 du Code pénal pendant cinq ans au moins et dix ans au plus. — L'étranger qui s'affiliera en France ou fera acte d'affilié sera puni des peines édictées par la présente loi.

Art. 3. — La peine de l'emprisonnement pourra être élevée à cinq ans, et celle de l'amende à 2,000 francs, à l'égard de tous, Français ou étrangers, qui auront accepté une fonction dans une de ces associations ou qui auront sciemment concouru à son développement, soit en recevant ou en provoquant à son profit des souscriptions, soit en lui procurant des adhésions collectives ou individuelles, soit enfin en propageant ses doctrines, ses statuts ou ses circulaires. — Ils pourront, en outre, être renvoyés par les tribunaux correctionnels, à partir de l'expiration de la peine, sous la surveillance de la haute police pour cinq ans au moins et dix ans au plus. — Tout Français auquel aura été fait application du paragraphe précédent restera, pendant le même temps, soumis aux mesures de police applicables aux étrangers conformément aux articles 7 et 8 de la loi du 3 décembre 1849.

Condamne Chavrier, Coindre, Cottaz, Damians, Didelin, Berlioz-Arthaud, Hugonnard, Sourisseau, Viallet, Champalle, chacun à six mois d'emprisonnement, à 50 francs d'amende et à la privation pendant cinq ans de tous ses droits civiques, civils et de famille, énumérés en l'article 42 du Code pénal;

Condamne Bardoux, Courtois, Bruyère, François

Dejoux, Dupoizat, Fages, Landeau, Joseph Trenta,
Jules-Hyacinthe Trenta , chacun à un an d'emprisonnement et 100 francs d'amende ;

Dit que tous, à l'exception de Trenta Joseph et de
Trenta Jules-Hyacinthe, qui sont étrangers, seront
privés, pendant 5 ans, de leurs droits civiques, civils
et de famille énumérés en l'article 42 du Code pénal ;

Condamne Bonnet, Faure Régis, Genet, Glaizal
dit Garnier, Hüser, Peillon, Pinois, Sala, Sanlaville, Voisin, Zuida et Genoud, chacun à 15 mois
d'emprisonnement, à 200 francs d'amende ; dit qu'ils
seront privés pendant 5 ans de tous leurs droits civiques, civils et de famille énumérés en l'article 42
du Code pénal ;

Condamne Faure Etienne dit Cou-Torse, Morel,
Tressaud, Michaud et Pautet à 2 ans d'emprisonnement, à 300 francs d'amende ; dit qu'ils seront tous
sous la surveillance de la haute police pendant 10 ans
et privés pendant ce temps de leurs droits civiques,
civils et de famille énumérés en l'article 42 du Code
pénal ;

Condamne Blonde, Crestin, Pejot et Desgranges,
chacun à 3 ans d'emprisonnement et à 500 francs
d'amende ; dit qu'ils seront tous sous la surveillance
de la haute police pendant 10 ans et privés pendant
ce temps de leurs droits civiques, civils et de famille
énumérés en l'article 42 du Code pénal ;

Dit qu'en ce qui concerne Crestin, la peine prononcée contre lui ne se confondra pas avec celle qu'il subit actuellement;

Condamne Ricard, Martin et Liégeon, chacun à 4 ans d'emprisonnement et à 1,000 francs d'amende; dit qu'ils seront tous sous la surveillance de la haute police pendant 10 ans et privés pendant ce temps de leurs droits civiques, civils et de famille énumérés en l'article 42 du Code pénal;

Condamne Bernard, Bordat, Gauthier et Kropotkine, chacun à cinq années d'emprisonnement et à 2,000 francs d'amende; dit qu'ils seront tous sous la surveillance de la haute police pendant dix ans; dit que tous, à l'exception de Kropotkine qui est de nationalité étrangère, seront privés pendant ce temps de leurs droits civiques, civils et de famille énumérés en l'article 42 du Code pénal ;

Condamne Fabre et Louis Dejoux, prévenus en fuite, chacun à deux ans d'emprisonnement et 1,000 francs d'amende, dit qu'ils seront privés pendant cinq ans de leurs droits civiques, civils et de famille énumérés en l'article 42 du Code pénal;

Condamne Cyvoct, Borréas, Ebersoldt, Georges Garraud dit Valadier, Jean Baguet dit Bayet, Joseph Bontoux, Bourdon, Chazy, Dard, Jolly, Renaud, Maurin, tous défaillants, à cinq ans d'emprisonnement et 2,000 francs d'amende; dit qu'ils seront sous la surveillance de la haute police pendant dix

ans et privés pendant ce temps de leurs droits civiques, civils et de famille, énumérés dans l'article 42
du Code pénal ;

Condamne tous les prévenus solidairement aux
dépens ;

Fixe au minimum le délai de la contrainte par
corps.

www.ingramcontent.com/pod-product-compliance
Ingram Content Group UK Ltd.
Pitfield, Milton Keynes, MK11 3LW, UK
UKHW021011120726
13693UKWH00005B/1912